SuperStars

Wie Ökosysteme funktionieren

Jane Campbell

Inhalt

Wörter, die **fett** gedruckt sind, werden auf Seite 23 erklärt.

Überall um uns herum gibt es Ökosysteme. Ein Ökosystem ist eine Gemeinschaft von Tieren und Pflanzen, die mit ihrem Lebensraum in **Wechselwirkung** stehen. Sie können so klein sein wie ein Teich oder so groß wie ein Wald.
Wir Menschen sind ebenfalls Teil eines Ökosystems.

Lasst uns verschiedene Ökosysteme einmal genauer betrachten.

Die Erde ist ein einziges großes Ökosystem.

Der Wald

Das Ökosystem „Wald“ setzt sich aus lebenden Bestandteilen (zum Beispiel Vögel und Bäume) und nicht lebenden Bestandteilen (zum Beispiel Wasser und Steine) zusammen. Jedes noch so kleine Lebewesen hat seine Bedeutung für die Gesundheit und Entwicklung des Waldes.
Sogar winzige **Wirbellose** sind wichtig. Dazu gehören Schnecken, Würmer, Spinnen und Käfer. Diese Winzlinge wandeln pflanzliche Abfälle in **Nährstoffe** und sind auch Beute größerer Tiere.

Plattwürmer sind **Fleischfresser**, die sich von Schnecken und Regenwürmern ernähren. Man findet sie unter Totholz oder Baumrinden.

Alle Lebewesen eines Ökosystems sind durch die Nahrungskette miteinander verbunden. Dieser Frosch lässt seine Zunge herausschnellen, um sich eine Grille zu fangen.

Die Wälder als Filter

Menschen profitieren von gesunden Wäldern. Das Laub der Bäume filtert Schadstoffe, **Abgase** und Staubteilchen aus dem Regenwasser. Außerdem halten die Wurzeln der Bäume die Erde fest und verhindern, dass sie in Ufernähe ins Wasser gewaschen wird.

Die Feuchtgebiete

Moore, Sümpfe und **Marschen** lassen sich unter dem Begriff „Feuchtgebiete“ zusammenfassen. Sie liegen etwa in Höhe des Meeresspiegels und grenzen an Seen, Teiche, Flüsse und große Ströme. Feuchtgebiete sind wichtig, weil sie bei Überflutungen wie ein Schwamm wirken und viel Wasser aufnehmen können.

In Torfmooren wächst fast ausschließlich Torfmoos. Es gibt aber auch andere Moortypen, die insgesamt über 3 % der Erde bedecken. Sie sind Lebensraum für eine Vielzahl von Pflanzen und Insekten.

Flüsse und Seen lagern nährstoffreiche **Sedimente** ab, die die Böden der Feuchtgebiete besonders **fruchtbar** machen. Das lockt viele Tierarten an.

Feuchtgebiete sind gute Wasserspeicher. Auch wenn es wenig regnet, verlieren sie nur langsam Wasser. Aus dem versickernden Wasser filtern sie Schadstoffe, die von der Industrie verursacht werden. Feuchtgebiete sind beliebte und wichtige Brutplätze für Fische und Vögel.

Wichtige Zusammenhänge

Viele Feuchtgebiete sind miteinander verbunden. Jeden Winter besuchen 80 Wattvogelarten Australien. Die Vögel kommen zu Tausenden aus Asien. Sie fressen sich satt, bevor sie zurückkehren, um zu brüten.

Das Grasland

Wenn die Klimabedingungen ungünstig sind oder die Böden mager, erobert Gras die Landschaft. Die meisten Gräser haben ein weitverzweigtes Wurzelnetz dicht unter der Oberfläche, mit dem sie leicht Wasser und Nährstoffe finden. Gras ist sehr widerstandsfähig und wächst sehr schnell.

Termiten errichten fantastische Bauten im Gras. Sie stehen auf dem Speisezettel von Erdferkeln.

Nahrungsmittel Gras

Das Grasland hat überall auf der Welt verschiedene Namen. In Nordamerika nennt man es „Prärien“, in Asien „Steppen“, in Südamerika „Pampa“ und in Südafrika „Busch“.

Für eine riesige Anzahl von Tieren ist Gras die wichtigste Futterquelle. Weil sie das Gras aber nicht bis zur Wurzel abfressen, wächst es immer wieder nach.

Auch die Savanne in Ostafrika ist ein Grasland. Sie bietet genug Nahrung für große Antilopenherden. Die Antilopen wiederum werden von Raubtieren, wie Löwen und Leoparden, gefressen. Aasfresser wie Geier, vertilgen die Überreste toter Tiere.

Es gibt mehr als 9 000 Grasarten.

Das Korallenriff

Korallen bestehen aus vielen kleinen Nesseltieren (Polypen), die gemeinsam in einer Kolonie leben. Die Tierchen lagern Skelette aus Kalk ab, die in ihrer Gesamtheit ein festes Gerüst bilden – das Riff. Nesseltierchen fühlen sich nur in warmen Gewässern wohl. Deshalb findet man sie in den Ozeanen der Tropen. Korallenriffe beherbergen mehr verschiedene Lebensformen als jedes andere Ökosystem im Meer – verschiedene Korallen, Fische und wirbellose Tiere.

Ein Putzerlippfisch ernährt sich von den Parasiten anderer Fische. Das ist eine Zweckgemeinschaft, die allen nützt.

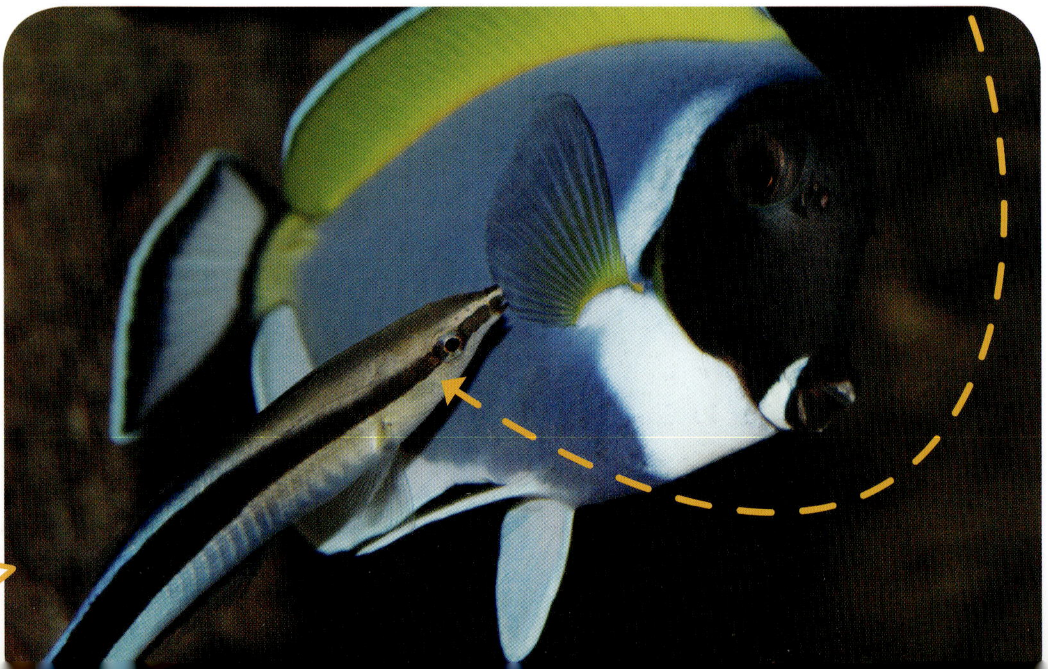

Angepasst

Der Pfauenkaiserfisch ist ein typischer Bewohner des Korallenriffs. Sein schmaler Körperbau macht es ihm leicht, sich im Riff zu bewegen, und seine prachtvollen Farbmuster gleichen den Farben der Korallen.

Im Korallenriff leben Seeschildkröten, Muränen, Clownfische, Teufelsrochen, Riffhaie, Seeanemonen, Meeresschnecken und Einsiedlerkrebse.

Das ‚Great Barrier Reef' im Nordosten von Australien ist das größte Korallenriff der Erde. Es besteht aus mehr als 2 000 einzelnen Riffen, die sich über ein Gebiet von 20 000 Quadratkilometer erstrecken. Man kann es sogar vom All aus sehen!

Die Wüste

Die Lebensbedingungen in den Wüsten sind hart. Während des Tages kann es bis zu 50° C heiß werden, in der Nacht dagegen kühlt es bis auf 0° C ab. Weil es oft jahrelang nicht regnet, gibt es wenig Wasser.

Kakteen haben sich perfekt an die Wüste angepasst.

Sobald es geregnet hat, keimen die Samen im Boden über Nacht und blühen in den schönsten Farben.

In der Wüste gibt es weniger Tier- und Pflanzenarten als in anderen Ökosystemen. Trotzdem ist sie das Zuhause einiger hoch spezialisierter Tiere und Pflanzen. Viele Tiere vergraben sich am Tage oder suchen unter Steinen Schutz vor der Hitze. In der Nacht kommen sie heraus, um zu jagen.

Viele Wüstenpflanzen, wie die Kakteen, überleben, weil sie in ihrem Inneren Wasser speichern können. Andere Wüstenpflanzen haben lange Wurzeln. Mit ihnen versorgen sie sich tief in der Erde mit Wasser.

Kamele können eine lange Zeit in der Wüste überleben. Dafür speichern sie Fett und Wasser in ihren Höckern. Haben sie lange Zeit nichts zu trinken, schrumpfen ihre Höcker. Wenn sie Wasser finden, können sie bis zu 90 Liter in 10 Minuten trinken!

Die Berge

Alpine Ökosysteme befinden sich in den Bergen oberhalb der Baumgrenze. Je höher das Gebirge, desto schlechter sind die Lebensbedingungen –
es wird immer eisiger und windiger. Die meisten Berge sind im Verlauf eines Jahres wenigstens zeitweise mit Schnee bedeckt.

In den verschiedenen alpinen Lebensräumen wachsen verschiedene Pflanzen – Heide und Moos im alpinen Moor, Butterblumen in steinigen Bereichen. Einige Pflanzen enthalten Chemikalien, die sie ungenießbar machen. Auf diese Weise können sie überleben.

In manchen Gegenden lebt Rotwild im Sommer in den Bergen und kehrt im Winter in den Schutz der Bäume weiter unten zurück.

Flechten auf einem Granitfelsen

Flechten sind **symbiotische** Lebensgemeinschaften zwischen Pilzen und Algen. Beide brauchen sich zum Überleben. Flechten sind wichtige Teile des Ökosystems, da sie sich auf blankem Felsen ansiedeln. Sie dienen anderen Tieren als Nahrung.

Lebensfeindliche Gebiete

Die alpinen Zonen im Himalaja werden immer mehr verschmutzt. Schuld ist die wachsende Begeisterung der Menschen fürs Klettern. Manche lassen ihren Müll auf den Bergen zurück, weil es zu mühsam wäre, ihn wieder mitzunehmen.

Die Inseln

Viele Inseln haben Tier- und Pflanzenarten, die nur dort vorkommen. Bäume und Pflanzen haben sich aus Samen entwickelt, die einst übers Meer zu den Inseln geweht worden sind. Insekten, kleinere Tiere und Reptilien haben die Inseln wahrscheinlich auf kleinem Treibholz erreicht, das an die Küsten angeschwemmt wurde.

Lemuren gibt es nur auf Madagaskar. Sie sind ferne Verwandte der Affen.

Eingeschleppte Tierarten

Die ‚Lord-Howe-Insel' liegt vor der Ostküste Australiens. Sie wurde 1788 entdeckt. Dort war das Waldhuhn heimisch und konnte sich ausbreiten, denn der Laufvogel hatte keine natürlichen Feinde. Trotzdem wäre er fast **ausgestorben**, denn die Seemänner der ersten Walfänger siedelten neue Tiere an: Die Ziegen fraßen die gleichen Pflanzen wie die Waldhühner. Die Ratten fraßen deren Eier und die Katzen fraßen die Vögel. Glücklicherweise hat ein Zuchtprogramm sie vor dem Aussterben bewahrt.

Einmal auf der Insel waren die Neuankömmlinge sicher vor großen Raubtieren. Denn große Tiere konnten die lange Reise übers Meer nicht überleben.

Weil auf der Insel andere Lebensbedingungen herrschten, mussten sich die Pflanzen und Tiere weiterentwickeln und an die neuen Umstände anpassen. Das dauerte oft Tausende von Jahren.

Die Agrarflächen

Landwirte benötigen Land zum Anbau von Feldfrüchten (zum Beispiel Weizen, Baumwolle, Obst und Gemüse) und Weideland für das Vieh (zum Beispiel Schafe und Rinder). Ein solches Land wird **Agrarfläche** genannt und bildet ebenfalls ein eigenes Ökosystem.

Um Land nutzbar zu machen, müssen Wälder abgeholzt und Wiesen gepflügt werden. Wenn diese gerodeten Felder mit natürlichen Wäldern und Wiesen abwechseln, wird die einheimische Tier- und Pflanzenwelt nur wenig beeinträchtigt.

Wenn aber riesige zusammenhängende Flächen gerodet und nutzbar gemacht werden, finden die Pflanzen und Tiere nicht mehr die Bedingungen, die sie zum Leben brauchen.

Durch intensiven Ackerbau besteht die Gefahr der **Erosion**.

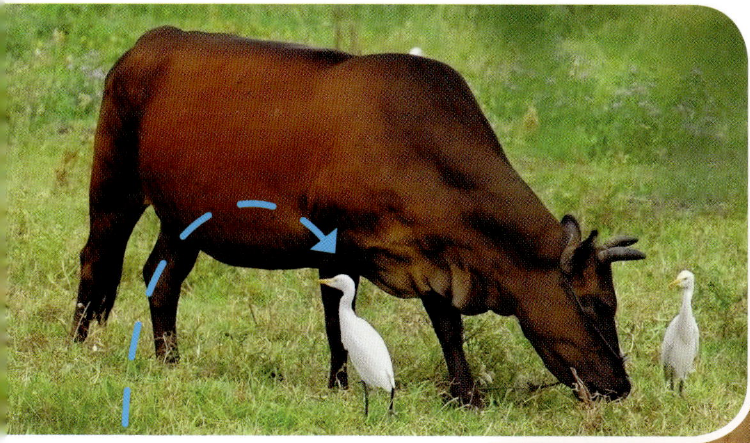

Wo Rinder gezüchtet werden, hat die Zahl der Reiher zugenommen. Sie ernähren sich von Insekten, die das grasende Vieh belästigen.

Ein Rotes Riesenkänguru

Viele Tierarten sind bereits ausgestorben oder gefährdet, weil überall auf der Welt große Flächen von Land als Ackerland nutzbar gemacht wurden. In Australien zum Beispiel ist die Anzahl verschiedener Waldvögel stark zurückgegangen. Stattdessen gibt es mehr Rote Riesenkängurus, weil sie das Wasser aus den Trögen der Schafe trinken.

Die Stadt

Menschen haben Flächen für die Landwirtschaft, aber auch für die Ansiedlung gerodet. Dadurch wurden viele Ökosysteme zerstört. Einige Pflanzen und Tiere konnten die Veränderung ihrer Lebensbedingungen jedoch zu ihrem Vorteil nutzen. Zum Beispiel bieten viele Gebäude in den Städten für manche Vögel ideale Voraussetzungen zum Nisten. In Nordamerika leben einige Waschbären und Stinktiere auf den Dachböden und durchwühlen Mülltonnen nach Futter.

Wassertiere, wie Frösche, können auch in Gartenteichen leben.

Haustiere sind Teil des städtischen Ökosystems. Einige besitzen noch ihren natürlichen Jagdtrieb und müssen an der Leine gehen.

Vielen Menschen aus der Stadt liegt die Natur am Herzen. Sie helfen freiwillig, Grünflächen und Parks zu pflegen, einige eingeschleppte Pflanzen und Unkraut zu vernichten und die Flächen von Müll zu befreien.

Was wir tun können

Indem viele Menschen heimische Bäume und Sträucher in ihren Garten pflanzen, bereichern sie das städtische Ökosystem. Sie bilden den Lebensraum für die dort beheimateten Vögel und Tiere. Heimische Blumen produzieren Nektar, der Bienen und Schmetterlinge anlockt.

Eine Welt der Ökosysteme

Pflanzen und Tiere existieren nicht unabhängig voneinander. Ihre Existenz ist eng verflochten mit den anderen Lebewesen – auch mit den Menschen, die in einem Ökosystem leben.

Ein Beispiel für diese Verbindung ist der Vorfall in Malawi, Afrika: Leoparden griffen die Rinder einer Farm an. Die Regierung ließ darauf viele Leoparden entfernen. Dadurch vermehrten sich aber die Paviane, deren natürliche Feinde die Leoparden sind. Bald wurde den Pavianen das Futter knapp – sie stahlen den Farmern Getreide, und der Ärger begann erneut. Jede Pflanze und jedes Tier spielt eine wichtige Rolle im Ökosystem.

Ein Leopard belauert seine Beute.

Worterklärungen

Abgase	Verbrennungsgase, die von einem Motor abgegeben werden
Agrarfläche	Agrar bedeutet Landwirtschaft; also die Herstellung von pflanzlichen oder tierischen Erzeugnissen, z. B. Essen
ausgestorben	wenn eine Tier- oder Pflanzenart in einem Lebensraum nicht mehr vorkommt
Erosion	Abtragung von Erde durch Fließgewässer
Fleischfresser	Tiere, die sich hauptsächlich von Fleisch ernähren
fruchtbar	hier: nährstoffreiche Erde
Marschen	das Schwemmland von Küsten und Flüssen
Nährstoffe	Bestandteile, die Lebewesen mit Energie versorgen und ihnen helfen zu wachsen
Sediment	Ablagerung von Bodenmaterial aus abgestorbenen Pflanzen und toten Tieren
symbiotisch	eine Partnerschaft von Lebewesen, die für beide von Vorteil ist
Wechselwirkung	gegenseitige Beeinflussung von Lebewesen untereinander und ihrer Umgebung
Wirbellose	Tiere ohne Wirbelsäule

Stichwortverzeichnis